오늘도 내가
가장 하고 싶은 일은
당신을 사랑하는 일

_____ 님께 이 책을 드립니다.

오늘도 내가
가장 하고 싶은 일은
당신을 사랑하는 일

초판 1쇄 인쇄 | 2025년 7월 22일
초판 1쇄 발행 | 2025년 7월 22일

지은이 | 이동식
펴낸곳 | 도서출판 풀잎
등 록 | 제2-4858호
주 소 | 서울시 중구 필동로 8길 61-16
전 화 | 02-2274-5445/6
팩 스 | 02-2268-3773

ISBN 979-11-93104-06-4 03800

※ 이 책의 저작권은 〈도서출판 풀잎〉에 있습니다. 저작권법에 의해 보호를 받는 저작물이므로 무단 전재와 복제를 금합니다.
※ 잘못된 책은 〈도서출판 풀잎〉에서 바꾸어 드립니다.

오늘도 내가
가장 하고 싶은 일은
당신을 사랑하는 일

이동식 시집

작가의 말

이번에 열다섯 번째 시집을, 제 시를 사랑해 주는 독자들께 내놓게 되어 뜻깊고 기쁩니다. 늘 시를 쓸 때는 최선을 다하지만 막상 시집으로 내놓으려 하면 첫 시집을 낼 때처럼 설레고, 한편으로는 부족한 시를 시집으로 내놓은 것은 아닐까 하는 생각에 젖곤 합니다.

이번 시집은 1장부터 3장까지는 사랑시를 실어놓았고 제 4장은 일반시를 실어 놓았습니다. 제 사랑시를 좋아해 주는 독자들도 많지만, 제 시 중 가장 많은 사랑을 받았던 시는 〈하늘〉이란 일반시였습니다. 그래서 제 일반시도 맛을 조금 보라고 이번엔 4장에다가 일반시를 실어놓았습니다.

그러면서도 한편으로는 1장부터 3장까지가 사랑시이듯,
독자들이 제 시를 읽고 모두 예쁜 사랑을 하며
즐겁게 살아가면 저는 더할 나위 없이 기쁠 것입니다.
저의 마음을 다해 지금 사랑을 하고 있는, 또 앞으로 사랑을
하게 될 독자들 모두를 진심으로 응원하겠습니다.

끝으로 제 시를 읽어준 독자들 모두는 늘 건강하고
행복한 삶을 살아가기를 한결같은 마음으로 바래드리며
이만 서문을 마칩니다. 독자 여러분 모두 좋은 인생을
가볍고도 밝게 살아가기를 언제까지나 바래드리겠습니다.

2025년 7월에 망우동에서 이동식 썼습니다.

목차

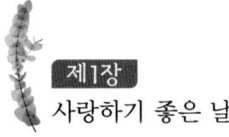

제1장
사랑하기 좋은 날

작가의 말	4
그대와 함께	13
너란 사람	14
그대를 사랑하는 일은	15
사랑하기 좋은 날	16
당신에게로 가는 길은	17
그대가 나와 함께 가준다면	18
그대 내 편이 되어준다면	19
어제처럼 오늘도	20
그대에게	21
내 그대에게 1	22
그대의 모습 1	23
그대여, 오라	24
전염병	25
그대에게 하는 부탁	26
나의 사랑은	27
벚꽃길 따라가면	28
사랑으로, 사랑으로	29
지금도 나는 희망을 갖고	30
길을 간다는 것은	31
그대에게 하는 작은 다짐	32
소소한 행복	33
그대를 사랑하니까	34
당신이 있어 1	35
단 하나의 사랑	36
나의 풀꽃에게	37
그대의 모습 2	38
그대의 모습 3	39
사랑을 시작할 때	40
그대가 함께 해주니	41
그대는 나의 어여쁜 사랑	42
그대는 어느 것 하나	43
나는 꽃이 되었습니다	44

목차

제2장
이렇게 좋은 게 사랑인데

바다보다 하늘이 좋은 이유	47
사랑한다면	48
선물	49
사랑의 힘	50
내 마음에 핀 꽃	51
당신을 사랑하기 위하여	52
이제 그대의 있고 없음이	53
소망	54
내 여자에게 1	55
내 여자에게 2	56
불같은 사랑	57
꽃길	58
이것은 다툼마저도	59
그대를 바라보면	60
그대를 사랑하는 맘	62
당신이 있어 2	63
나비와 나의 행복	64
그대와 함께라면	65
그저 나는 사는 게	66
그대의 행복을 위해서라면	67
사랑하려면	68
내 사랑의 법칙	69
너는 나의 꽃	70
이렇게 좋은 게 사랑인데	71
우리 사랑을 위한 부탁	72
그리하여 우리 인연엔	73
눈사람	74
나의 예쁜 그대여	75
아! 고맙습니다	76
나에게 있어 행운은	77
오늘도 행복의 동산에서	78
둘인 그대와 나는	79

목차

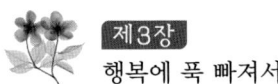

제3장
행복에 푹 빠져서

너와 나는 이미	83
살아있는 사랑	84
내 여자에게 3	85
내 여자에게 4	86
지상낙원	87
잘 보이고 싶은 사람	88
내 마음의 정원	89
내 사랑하는 당신은	90
나였으면	91
내 그대에게 2	92
행복한 내 마음이	93
행복에 푹 빠져서	94
나만을 위한	95
나는 당신과 내가	96
당신을 사랑하는 일은	97
그대 내 편이 되어주세요	98
당신과 함께라면	99
당신이 함께해줘서	100
너에게	101
그대를 사랑하는 일이	102
내겐	103
그대가 있어 오늘도	104
봄꽃	105
봄날의 내 마음	106
그대가 예쁘니까	107
내가 당신에게 바라는 것은	108
그대는 착한 사람인가 봐요	109
나에겐 당신만이	110

목차

제4장
우리가 꿈을 꾼다는 것은

텃밭에서	113
우리가 꿈을 꾼다는 것은	114
때론 마음을 청소하세요	115
꿈을 꾸어라	116
알맹이의 인생	117
행복은	118
진짜 멋진 인생	119
꿈꾸는 그대만을 위한 시	120
책아, 고맙다	121
삶의 다짐	122
위로의 시	123
나이를 얼마를 먹었던	124
아직은 빛나는 별이 아니지만	125
될 수 있는 한	126
꿈이란 것은	127
행복을 위한 시	128
꽃샘추위를 이겨내는 방법	129
시작한다는 것은	130
태어날 때는 순서가 있어도	131
꿈	132
파리와 나비	133
너를 응원하며	134
나무 1	135
나무 2	136
콩 심은 데 콩 납니다	137
그대를 위한 응원가	138
겨울 저녁	139
내일의 내가	140
혼자 있을 땐	141
남과 비교하지 말아라	142
사계의 행복	143

제1장
사랑하기 좋은 날

그대와 함께

그대와 함께
천년만년
살지는 못해도

오직 그대만을
천번만번
사랑하겠습니다.

남아 있는
내 인생 다해
남아 있는
내 목숨 다해

오늘도 그대만을
오로지 그대만을
사랑하고 또
사랑하겠습니다.

너란 사람

받은 것이 없어도
고마운 맘이
잔뜩 들게 해주는 사람.

준 것이 많아도
더 주지 못해
안달을 하게 해주는 사람.

그저 내 곁에
그냥 내 맘에
살고 있다는 것만으로도

나로 하여금
행복한 맘을 무한대로
가득 간직하게 해주는 사람.

아, 그 사람은
이 세상에 있는
단 하나 너란 사람.

그대를 사랑하는 일은

나는 그대에게 지금도
따사로운 눈빛을 보내고 있습니다.
나는 그대에게 지금도
아름다운 마음을 보내고 있습니다.

내가 그대를 사랑한다고
앞으로도 언제까지나 변치 않고
그대만을 사랑하겠다고

나는 그대에게 시방도
사랑스러운 눈빛을 보내고 있습니다.
나는 그대에게 시방도
다정스러운 마음을 보내고 있습니다.

아, 그대를 사랑하는 일은
세상 어떤 일보다도 행복한 일이어서
나는 오늘도 기분이 참으로 좋습니다.

사랑하기 좋은 날

사랑하기 좋은 날이
어디 따로 있나요.
그대 하고라면 매일매일이
사랑하기 좋은 날이지요.

오늘 하루는 봄바람이 불어
사랑하기 좋은 날이고요.
오늘 하루는 보슬비가 내려
사랑하기 좋은 날이고요.
오늘 하루는 흰 눈이 내려
사랑하기 좋은 날이지요.

그대와 나 다정히 손잡고
세상 길을 걸어가는 한,
그대와 나 따뜻한 맘으로
이 세상을 살아가는 한
그대와 내가 함께하는 모든 날이
사랑하기 좋은 날이지요.

정녕 사랑하기 좋은 날이
어디 따로 있나요.
그대 하고라면 매일매일이
사랑하기 좋은 날이지요.

당신에게로 가는 길은

당신에게로 가는 길은
꽃길이었으면 좋겠습니다.

눈물 흘리며 가는
사막길이 아니었으면 합니다.

세상에 있는 길 중
가장 아름다운 길은
사랑하는 사람에게로 가는 길

그 길이 사막길이 아닌
꽃길이었으면 참 좋겠습니다.

그대가 나와 함께 가준다면

내 가는 길이 가시밭길이어서
그대에게 함께 가자고는 못해도
그대가 같이 가줬으면 나는 좋겠네.

내 가는 길이 모래사막이어서
그대에게 함께 가자고는 못해도
그대가 같이 가줬으면 나는 좋겠네.

그대가 나와 함께 가준다면
가시밭길은 얼마 안 가 꽃길이 되어
우리를 행복하게 만들어 줄 것이네.

그대가 나와 함께 가준다면
모래사막은 얼마 안 가 초원이 되어
우리를 즐거움으로 인도해 줄 것이네.

그대가 내게 있어 오늘도 나는
매일매일을 축복을 받은 듯이
웃음꽃 만발하게 살아가고 있어 좋네.

그대 내 편이 되어준다면

그대 내 편이 되어준다면
나는 그대를 위해 피어나는
한 송이 아리따운 꽃이 되어
이 세상을 예쁘게 살아갈게요.

그대 내 편이 되어준다면
나는 그대를 위해 간직하는
한 개의 빛나는 꿈이 되어
이 세상을 기쁘게 살아갈게요.

그대 내 편이 되어준다면
나는 오늘도 그대와 함께하는
진정 그대를 사랑하는 사람이 되어
이 세상을 즐겁게 살아갈게요.

아, 그대 내 편이 되어준다면
나도 그대의 편이 되어 언제까지나
그대의 행복을 위해 살아가는
오직 그대만의 사람이 되어줄게요.

어제처럼 오늘도

오늘도 내가
가장 하고 싶은 일은
당신을 사랑하는 일.

꽃 피는 봄날에서
눈 내리는 겨울날까지
일년삼백육십오일 내내.

오로지 내가
가장 하고 싶은 일은
당신을 사랑하는 일.

어제처럼 오늘도
당신을 변함없이
사랑하며 살 수 있어서
내 가슴엔 행복이 가득가득.

아, 이제 당신만이
내 인생의 주인이어서
내 얼굴엔 웃음만이 활짝 피어나
참으로 좋기만 하네.

그대에게

오로지 그대를 사랑해

아주 오래 적부터

내 온 마음 다해

참으로 많이 많이

오늘도 그대를 사랑해

내 그대에게 1

얼굴도 장미꽃인데
마음도 장미꽃인 그대여

얼굴만 장미꽃이고
마음은 가시 줄기일까 봐
걱정을 많이 했는데

다행스럽게도 그대는
내 마음에 쏙 드는
얼굴만 장미꽃이 아니라
마음도 장미꽃이어서

그대를 바라보는 내 마음은
오늘도 너무 사랑스럽고
오늘도 너무 행복하여라.

그대의 모습 1

검은 원피스와
올린 머리에 긴 목선
너무나 예뻤어요.

너무나 예뻐서
뭐라 말로 표현할 수 없는
그대의 아리따운 모습.

참말로 그대를
사랑하지 않고서는
나는 베길 수가 없었어요.

정말로 그대를
사랑하지 않고서는
나는 견딜 수가 없었어요.

오늘도 나는 그대가
내 마음속에 가득히
담겨 있어 좋아 죽겠어요.

그대여, 오라

그대여, 오라
오늘도 변함없이
그대만을 사랑하고 있는
내 마음속으로

그대여, 오라
오늘도 아낌없이
그대만을 사모하고 있는
내 가슴속으로

이제 그대 없으면
나도 없을 정도로
그대는 나의 생명 같은 사람.
그대는 나의 목숨 같은 사람.

아! 그대여, 오라
영원히 그대만을
사랑하며 살아갈 사람인
나에게로 꽃처럼 오라.

전염병

꽃인 그대가 내 곁에 있으니
나마저도 꽃이 됩니다.
나마저도 꽃이 되고 맙니다.

나의 인생이 그대로 인해
오늘도 꽃이 되어 아름답습니다.
오늘도 꽃이 되어 아름답기만 합니다.

아, 이런 전염병이라면 나는
평생을 걸려 살아도 좋을 것 같습니다.

그대에게 하는 부탁

그대는 누구를 위해
이리 곱게 화장을 하였나요.
그대는 누구를 위해
이리 예쁘게 옷을 입었나요.

아, 나는 그대가
다른 사람이 아니라
나를 위해 곱게 화장을
해줬으면 참으로 좋겠어요.

아, 나는 그대가
다른 사람이 아니라
나를 위해 예쁘게 옷을
입어줬으면 참말로 좋겠어요.

그리하여 나는 그대가
이 세상에 있는 단 한 사람
나의 아름다운 사랑이
돼줬으면 정말로 행복하겠어요.

나의 사랑은

나의 사랑은
어제도 당신이었듯
오늘도 당신이에요.

쉽게 변할 수 있는 것이
당신 향한 나의 사랑이라면
나는 애당초 당신을
사랑하지 않았을 거예요.

울산바위처럼 변치 않는 것이
당신 향한 나의 사랑이에요.

소나무처럼 사철 푸른 것이
당신 향한 나의 사랑이에요.

아, 나의 사랑은
어제도 당신이었듯
오늘도 당신이에요.

벚꽃길 따라가면

벚꽃길 따라가면
그대가 있을까요.

벚꽃처럼 화사하게
그대가 있을까요.

벚꽃이 바람에 지기 전에
그대를 만나
나 사랑하고 싶은데

이 벚꽃길 따라가면
그대 두 팔 벌려 웃으며
날 마중 나와 있을까요.

사랑으로, 사랑으로

내가 가난하여도
부족하지 않게 살아가는 건
꿈이 되어주는 당신이 있기 때문입니다.

내가 실팰 하여도
다시 일어나 걸어가는 건
힘이 되어주는 당신이 있기 때문입니다.

당신이 있어 오늘도 나는
어둠이 앞을 막아서는 세상을
희망을 갖고 빛나게 살아가고 있습니다.

당신이여, 언제까지나 우리는
힘듦은 함께 나누며 가고
어려움은 함께 이겨내며 가도록 합시다.

아, 당신이여, 그렇게 우리
서로를 아껴주며 한세상 행복하게
사랑으로, 사랑으로 살아가도록 합시다.

지금도 나는 희망을 갖고

당신을 사랑하는 일은 좋은 일
당신을 사모하는 일은 기쁜 일.

당신 아니면 내가 어디서
당신 같은 사람을 만나
이리도 아름다운 사랑을 할 수 있을까요.

지금도 나는 희망을 갖고
미래의 꿈을 위해 살아가니
어둠 속에서도 한 줄기 빛이 내려와
우리를 축복해 주는 느낌이 들어 좋아요.

당신과 함께라면 나는 세상 어디든
가지 못할 곳이 없을 것 같아요..
시방 아무리 곰곰이 생각을 해보아도 당신을 사랑한 일이
내가 세상에 태어나서 한 일 가운데 가장 잘한 일 같아요.

어제처럼 오늘도 당신을 사랑하니
이다지도 즐거울 수가 없어요.
나는 당신이 세상을 떠나는 그날까지 내가 가진 모든 것을
아낌없이 나눠주며 살아갈 거예요.

아주아주 행복이 넘치도록 말이에요.

길을 간다는 것은

길을 간다는 것은
누구와 가느냐에 따라
아스팔트 길도 따분한 길처럼 여겨지고
낭떠러지 길도 신나는 길처럼 여겨집니다.

아무리 힘든 길도
당신과 함께하면
내딛는 내 모든 발걸음이
구름 위를 걷듯이 사뿐사뿐 가볍기만 합니다.

오늘도 당신과 함께
손잡고 길을 가니
모래사막도 행복한 여행길이 되어 좋고
가시밭길도 즐거운 소풍길이 되어 좋습니다.

아, 사랑하는 당신이여!
이번 생에서는 당신이 있어
내가 가는 모든 길은 살맛 나는
낙원을 향해 가는 길이어서 너무나도 좋습니다.

그대에게 하는 작은 다짐

나는 나의 사람인 그대를
어떤 일이 있더라도
무슨 일이 있더라도
떠나지도 버리지도 않고 함께
하늘의 별처럼 빛나게 살아갈 것입니다.

나는 나의 사람인 그대를
내 가슴에 가득 담고선
내 마음에 그득 담고선
언제까지나 환하게 웃으며 함께
들녘의 꽃처럼 예쁘게 살아갈 것입니다.

나는 나의 사람인 그대를
내 인연으로 받아들이고
내 운명으로 받아들이고
죽음이 우릴 갈라놓을 때까지 함께
꿈을 꾸며 희망차게 살아갈 것입니다.

아, 나 그대에게 다짐하노니
그대와 함께하는 사랑을 바탕으로
푸르런 소나무처럼, 곧은 대나무처럼
조금도 변치 않고 평생 그대만을
아껴주고 감싸주며 행복하게 살아갈 것입니다.

소소한 행복

아, 그대 사랑하는 자체가 행복이니
굳이 다른 곳에서 행복을 찾으려 애쓰지 않아도
나는 늘 웃음을 잃지 않고 살아갑니다.

그대만 내 곁에 있다면
그대만 내 맘에 있다면
나의 행복은 걱정하지 않아도 됩니다.

나의 행복은 다른 곳이 아닌 그대에게서 나오니
그대와 나의 사랑은 비가 억수로 퍼붓는 장마철이라 할지라도
아주 뽀송뽀송 감촉 좋게 말라 있어 좋기만 합니다.

행복은 멀리에 있지 않습니다.
행복은 찾으려면 우리 주변에서 얼마든지 찾을 수 있습니다.
정말이지 행복은 큰데서 나오는 게 아니라
소소한 데서 나와서 행복입니다.

아, 그대에게서 나는 그리 큰 것을 바라지 않습니다.
그냥 나와 마음 맞춰 하루하루 흘러가는 일상에서
행복을 느끼며 살아가면 그것으로 나는 충분히 만족합니다.

그대를 사랑하니까

그대를 사랑하니까
아름다워 보이더라.
하늘의 노을이 아름다워 보이고
숲속의 새소리가 아름다워 보이고

그대를 사랑하니까
어여쁘게 보이더라.
돌담의 풀꽃이 어여뻐 보이고
저녁의 반딧불이 어여뻐 보이고

그대를 사랑하니까
아리따워 보이더라.
흐르는 강물이 아리따워 보이고
떠오른 보름달이 아리따워 보이고

아, 내 사랑 그대여!
이제 그대가 없는 내 인생은
아주 조금도 생각할 수가 없어
그대와 함께하는 모든 시간이
나를 행복으로 이끌어줘서
이 세상을 사는 맛이
참으로 좋기만 하구나.

당신이 있어 1

당신은 내 사랑입니다.

하루
이틀
사흘
세월이
흐르고 흘러가도

언제까지나
당신은 내 사랑입니다.

이제 당신 없는
내 인생은 아주 조금도
생각할 수가 없습니다.

아, 당신이 있어
오늘도 내 사랑은
참으로 행복합니다.

단 하나의 사랑

당신은 나의 아름다운 사랑.
당신 외에 다른 사람이 주는 사랑엔
나는 아주 조금도 관심이 없습니다.

나는 오직 당신의 사랑만이 필요한 사람,
나는 당신만 내 맘속에 있으면
저 광활한 모래사막에서라도
언제까지나 행복하게 웃으며 살아갈 수 있습니다.

그저 나는 당신만이 내 사랑이 되어주면
아무리 강한 비바람이 불어오고 눈보라가 쳐대도
씩씩하고 늠름하게 헤쳐 나갈 수 있습니다.

아, 당신이 내게 있는 한
나는 어떤 일이 있어도, 무슨 일이 있어도
당신을 포기하는 일은 결코 없을 것입니다.

이 세상에서는 당신만이
내 인생의 전부이자 단 하나의 사랑이기 때문입니다.

나의 풀꽃에게

아무리 예쁜 장미꽃이어도
나의 꽃이 되어줄 수 없는
그런 꽃이라면 그 꽃은 내게
어떤 가치도 지니지 않은
그런 꽃에 불과하지요.

아무리 소박한 풀꽃이어도
나의 꽃이 되어줄 수 있는
그런 꽃이라면 그 꽃은 내겐
가장 특별한 의미를 지닌
그런 꽃이어서 좋지요.

나는 나의 꽃이 풀꽃이라면
주위에 장미꽃이 수없이 피어 있어도
결코 한눈을 팔지 않을 거예요.
나의 꽃 풀꽃에게 눈을 맞추고
내 모든 사랑을 아낌없이 주며
그저 한세상 행복하게 살아갈 거예요.

그대의 모습 2

그대의 무엇이 나를 이토록
그대에게 빠져들게 했을까요.

그대의 아리따운 모습에
나는 눈이 멀 정도지만
그런데도 그대에게서 나는
차마 눈을 뗄 수가 없어요.

보아도 보고 싶은 그대여,
살아가면서 어떤 일이 있어도
나를 떠나가지 말아 주오.

내 인생은 그대 곁에서만
행복해질 수 있는 인생이니
그대 내 곁에서 떠나간다면
나는 무슨 재미로 이 세상을 살아갈 수 있을까요.

아, 그대는 나의 어여쁜 사람,
그대와 함께라면 나는
저 광활한 모래사막에서도
그 누구 못지않게 행복할 수 있어요.

그대의 모습 3

어여쁜 그대의 얼굴처럼
그대의 마음도 어여뻐요.
얼굴도 장미꽃이지만
마음도 장미꽃인 그대여.

그대가 내 곁에 있어
그것만으로도 나는 행복한 사람.
오늘도 그대를 바라보며 살아갈 수 있어
웃음이 멈출 줄을 몰라 좋아요.

그대는 나의 영원한 사랑,
나는 그대를 사랑하며 살 수 있는 지금이
내 인생에 있어 가장 축복받은 나날들.

나는 앞으로도 그대만을 사랑하며
한세상 즐겁게 살아갈 거예요.

사랑을 시작할 때

사랑을 시작할 때
이별을 하려고
시작하는 사랑은 없잖아요.

인생이 끝날 때까지
평생을 함께 하고 싶어하는 마음으로
시작하는 게 사랑이잖아요.

지금 하고 있는 그대와 나의 사랑도
그런 마음으로 시작한 사랑이잖아요.

그러니 그대여,
우린 절대로 이별 없는 사랑만을 하며
이 세상을 즐겁게 살아가도록 해요.

이렇게 부탁을 하니, 그대여!
우리 살아서는 이별 없는 사랑만을 하며
한평생 행복하게 살아가도록 해요.

그대가 함께 해주니

그대가 함께 해주니
오늘도 인생이 행복해서 좋습니다.

그대가 함께 해주니
바람이 아무리 강하게 불어와도
결코 쓰러질 일 없지요.
서로가 서로를 꼭 붙잡고 있으니까요.

그대가 함께 해주니
추위가 아무리 모질게 덮쳐와도
결코 동사할 일 없지요.
서로가 서로를 꼭 끌어안고 있으니까요.

그대가 함께 해주니
어둠이 아무리 까맣게 몰려와도
결코 무서울 일 없지요.
서로가 서로를 꼭 지켜주고 있으니까요.

아, 오늘도 그대와 함께 하니
더욱더 커져만 가는 것은
이 세상을 헤쳐 나갈 수 있는 든든한 힘입니다.
강철같이, 강철같이 든든한 우리의 힘입니다.

그대는 나의 어여쁜 사랑

혼자라는 홀수 인생을 버리고
둘이라는 짝수 인생을 살아가는 것이
바로 내가 지금 그대랑 하고 있는 사랑입니다.

나를 홀수 인생에서 벗어나
짝수 인생으로 살아가게 해준 것은
그 누구도 아닌 순전히 그대 덕분입니다.

그대는 나의 어여쁜 사랑,
이제 그대 없이는 나는
아주 조금도 이 세상을 살아갈 수가 없습니다.

그대가 있어 나의 인생은
시방도 홀수 인생에서 벗어나 짝수 인생을
너무나 행복하게 잘 살아가고 있습니다.

아, 오늘도 나는 여전히 혼자였던 나를
짝수 인생으로 만들어 준 그대가
참으로 어여쁘고 사랑스러워서 그저 고맙기만 합니다.

그대는 어느 것 하나

그대는 보면 볼수록
예쁘고 아름답습니다.

이것은 그대의
겉모습에 대한 나의 평가입니다.

그대는 말에서 묻어나오는
마음씨도 천사표입니다.

이것은 그대의
속마음에 대한 나의 평가입니다.

그대는 어느 것 하나
나무랄 데가 없는 사람.

오늘도 그대와 나누며 사는
내 모든 것이 기쁨이자 즐거움입니다.

나는 꽃이 되었습니다

그대가 그리워
그대가 보고파
나는 꽃이 되었습니다.

혹여 그대가 나에게 다가와
나를 어여쁘게 바라봐 주지 않을까 해서
혹여 그대가 코끝을 가까이 대고
나에 고운 향기를 맡아주지 않을까 해서

아, 그대가 그리워
아, 그대가 보고파
나는 꽃이 되었습니다.

제2장
이렇게 좋은 게 사랑인데

바다보다 하늘이 좋은 이유

하늘과 바다 가운데
어느 것이 더 좋냐고 물으면
나는 하늘이라고 대답할 거예요.

그대를 만나기 전까지는
하늘보단 바다가 더 좋았는데
그대를 만나고 나서는
하늘이 바다보다 더 좋아졌지 뭐예요.

이유는 간단해요.
바다는 보고 싶을 때 볼 수 없어서
바다가 있는 곳으로 찾아가야 하지만

하늘은 보고 싶을 때 고개만 들면
언제 어디서든 볼 수 있기 때문이에요.

나는 그대가 하늘이었으면 좋겠어요.
그대를 보고 싶을 때 고개만 들면
언제 어디서든 볼 수 있게 말이지요.

사랑한다면

꽃을 보러 먼 곳까지
갈 필요가 있나요?

내 눈에는 내 옆에 있는 사람이
세상 제일 예쁜 꽃으로 보이는데요.

당신의 눈에는 당신 옆에 있는 사람이
세상 제일 예쁜 꽃으로 보이지 않나요?

그렇다면 얼른 안과로 가 보세요.
그건 눈에 탈이 났기 때문이니까요.

사랑한다면 옆에 있는 사람이
세상 제일 예쁜 꽃으로 보여야만,

비로소 당신이 그 사람을
죽도록 사랑하고 있다는 증거니까요.

선물

그대는 내게
그리움을 선물한
사람입니다.

그대는 내게
보고픔을 선물한
사람입니다.

그대가 선물해 준
그리움 덕분에,
그대가 선물해 준
보고픔 덕분에

오늘도 나는 그대를
사모하며 살 수 있어
참말로 즐겁습니다.

오늘도 나는 그대를
사랑하며 살 수 있어
정말로 행복합니다.

사랑의 힘

아무리 많은 사람이
날 미워하고 미워해도

한 사람이
날 그리워하고
보고파 해주면

그리하여 그 한 사람이
날 아낌없이 사랑해 주면

어떡하든 웃으며
살아가게 돼 있는 것이
우리네 인생입니다.

아시나요, 이것이
한 사람이 가지고 있는
위대하고도 위대한
사랑의 힘이라는 걸.

내 마음에 핀 꽃

꽃이 피었으면
지는 게 당연.

하지만 이것은
산과 들에 핀 꽃에만
해당 대는 것.

내 마음에 핀 꽃은
해당 대지 않는 것.

내 마음에 핀 꽃은
사철 지지 않고
언제까지나 어여쁘게
내 마음을 물들여주는 꽃.

아, 내 마음에 핀 꽃
그대가 있어서
오늘도 나는 참으로
즐거웁게 살아가네.

당신을 사랑하기 위하여

당신을 사랑하기 위하여
오롯이 내 인생을 한번 걸어보겠습니다.
당신을 사랑하기 위하여
온전히 내 목숨을 한번 걸어보겠습니다.

당신은 오롯이 내 인생을 걸어도
당신은 온전히 내 목숨을 걸어도
조금도 아깝지 않은 사람입니다.

당신을 사랑하는 것만큼
세상에 있는 그 어떤 것도
내게 행복을 가져다주지는 못했습니다.

당신이 있어 오늘도 나는
세상에서 가장 값진 보석이 다이아몬드가 아니라
당신 자체임을 알아가고 있는 중이어서
즐거움과 기쁨이 넘쳐나 참말로 좋기만 합니다.

이제 그대의 있고 없음이

그대가 곁에 있어도
나는 그대가 그리워
나는 그대가 보고파

오늘도 사랑스러운 눈길로
오늘도 다정스러운 눈길로
나는 그대를 지긋이 바라봅니다.

만약에 그대가 내게 없다면
나는 무엇이 있어 이 세상을
살맛 나게 살아갈 수 있을까요.

이제 그대의 있고 없음이
내가 이 세상을 행복하게 살아가는지를
내가 이 세상을 불행하게 살아가는지를 재는 잣대!

언제까지나 나는 나와 함께 하는 그대가
정말로 행복하게 이 세상을
잘만 살아갔으면 참 좋겠습니다.

소망

당신이 예뻐서
나는 당신을 꽃이라 부릅니다.
당신이 빛나서
나는 당신을 별이라 부릅니다.

나에겐 꽃이고
나에겐 별인 당신이여!

나는 그저 당신이 다른 사람들에게는
꽃이 아니길 바라고 있습니다.
나는 그냥 당신이 다른 사람들에게는
별이 아니길 바라고 있습니다.

당신이 너무나 예쁘고 빛나서
오직 나한테서만
꽃이고 별이길 바라고 있습니다.

내 여자에게 1

내 인생을 걸고 싶은 여자여!
내 목숨을 걸고 싶은 여자여!

그대는 이 세상에 피어 있는 꽃 중
가장 아름답고 어여쁜 나만의 꽃.

그대가 있어 오늘도 나는
그대만을 바라보며 한세상
즐겁게 살아가고 푼 꿈을 꾸니
내 맘이 이다지도 행복할 수가 없구나.

오늘도 나는 그대만을 생각하며
남은 여생을 살아가길 소망하니
비록 몸은 바람 앞에 흔들리는 꽃이어도
그대를 향한 마음만큼은 흔들림 없이
그대만을 사랑하고 있으니 좋기만 하구나.

아, 내 인생을 걸고 싶은 여자여!
아, 내 목숨을 걸고 싶은 여자여!

이제 그대 없인 나 이 세상을
아주 조금도 살아갈 수가 없을 것 같구나.

내 여자에게 2

나와 일심동체인 나의 여자여!
나와 운명공동체인 나의 여자여!

나와 이 세상에서
함께 살아가라고 정해져 있는
나만의 인연이자 운명인 나의 여자여!

우리에게 이별이 있다면
우리에게 헤어짐이 있다면
죽음이 갈라놓는 그 이별 하나뿐

아는가, 이별과 헤어짐은
죽어버린 사랑에 불과하니
부디 우리 살아서는
살아 있는 사랑만을 하도록 하자.
즐겁고 행복한 그런
살아 있는 사랑만을 하도록 하자.

그대는 나만의 여자로
나는 그대만의 남자로
한평생 변함없는 살아 있는 사랑만을 하도록 하자.

불같은 사랑

손에 꽉 쥐고 있어야
내 것이 되는 것은
진정한 내 것이 아니야.

손에서 놓아주었는데도
도망가지 않고
내 곁에 머물 때야
진정한 내 것이 되는 거야.

아, 지금 너와 내가 하는
불같은 사랑처럼 말이야.

꽃길

그댈 사랑하는데
꽃길만 함께하겠어요.
가시밭길도 함께해야지요.

아니 가시밭길일랑
더욱 손잡고 함께 가
언젠간 꽃길로 만들어야지요.

꽃길은 그냥 꽃길을
함께 걷는 것보다
가시밭길을 꽃길로 만들었을 때
그 기쁨이 더욱 큰
아름다운 꽃길이 되는 거예요.

진정 그댈 사랑하는데
꽃길만 함께하겠어요.
가시밭길도 함께해야지요.

이것은 다툼마저도

참으로 오랜 세월을
함께 했는데도
아직도 어제보다 오늘이
그대가 더 그립습니다.
아직도 어제보다 오늘이
그대가 더 보고픕니다.

대충 맞춰 사는 사랑이 아닌
참 인연으로 만난 사랑은
그립고, 보고프게
사랑할 시간만 있지
다툴 시간은 없습니다.

아니 이것은 다툼마저도
사랑으로 하기 때문입니다.

오늘도 그대를 사랑하며 사니
행복마저 마실을 가지 않고
내 곁에, 그대 곁에
꼭 붙어 있어 즐겁기만 합니다.

그대를 바라보면

그대를 바라보면
그대는 해가 되고
나는 해바라기가 된다.

누군가에게
사랑을 받는 것도 좋지만
누군가를 사랑하는 것은
더욱더 좋은 일이다.

그래서였을까.
그대처럼 아름답고 멋진 사람을
사랑하게 된 내가
나는 시방도 너무나 마음에 든다.

그래서였을까.
그대가 이 세상에 있어 줘서
그래서 내 사랑이 되어 줘서
나는 그대가 참으로 고맙기만 하다.

그대는 해가 되고
나는 해바라기가 되어
그대를 사랑하는 것이
내 인생에서 가장 소중한 일이어서
나는 오늘도 얼마나 좋은지 모른다.

나는 지금 이 순간에도
그대를 바라보며 사는 일이
참으로 즐겁기만 하다.

그대를 사랑하는 맘

얼굴만 장미꽃이고
마음은 가시 줄기일까 봐
걱정을 많이 했는데

얼굴도 장미꽃이고
마음도 장미꽃이어서
나는 한없이 행복하다.

아, 그대를 사랑하는 맘
적어도 내가 살아있는 날까진
죽어도 변치 않으리라.

당신이 있어 2

당신이 있어
내가 흔들리지 않겠다는 것은
몸이 흔들리지 않겠다는 것이 아니라
마음이 흔들리지 않겠다는 것입니다.

강한 바람 앞에
나무가 흔들리지 않는다는 것은
몸통과 가지가 흔들리지 않는다는 것이 아니라
뿌리가 흔들리지 않는다는 것입니다.

나무의 뿌리는 사람의 마음과 같은 것입니다.

당신이 있어
오늘도 나는 나무의 뿌리처럼
마음은 조금도 흔들리지 않고 있습니다.

당신이 있어
내 마음은 조금도 변함없이
당신을 사랑하고 있습니다.

나비와 나의 행복

나비가 꽃을 찾아온 것처럼
나는 그대를 찾아갑니다.

나비가 아름다운
꽃을 찾아가듯이
나는 꽃처럼 아름다운
그대를 찾아갑니다.

나비가 아름다운 꽃에서
사랑의 기쁨을 얻듯이
나는 어여쁜 그대에게서
사랑의 기쁨을 얻습니다.

꽃이 있어 오늘도 나비가
살랑살랑 꽃을 찾아온 것처럼
그대가 있어 오늘도 나는
사뿐사뿐 그대를 찾아갑니다.

아, 오늘도 꽃이 있어
나비가 행복하듯이
나 역시 그대가 있어
참으로 행복합니다.

그대와 함께라면

내 살날이 얼마나
남았는지 몰라도
남아 있는 모든 날을
그대만을 사랑하며
살아가고 싶습니다.

세상에 아무리
많은 사람이 있어도
내 맘에 들어와 사랑이 된 사람은
그대밖에 없으니
그대를 사랑하며 사는 것은
너무나 당연한 일

그대와 함께라면
남겨진 모든 날을
나는 행복하게 살아갈 수
있을 것 같아서
참으로 기분이 좋습니다.

정녕 내 살날이 얼마나
남았는지 몰라도
남아 있는 모든 날을
그대만을 사랑하며
살아가고 싶습니다.

그저 나는 사는 게

그대를 사랑하는 일은
너무나 행복한 일입니다.

그대를 사랑하며 사는
지금 이 순간이
나는 너무나도 행복합니다.

잠든 꿈에서도 행복하고
눈뜬 꿈에서도 행복하여

그저 나는 사는 게
살맛이 나서 참 좋습니다.

그대의 행복을 위해서라면

그대는 꽃처럼 예뻐요.
그대는 단풍처럼 고와요.

나는 꽃처럼 예쁘고
단풍처럼 고운 그대와
사랑을 하고 싶어요.

그대와 잡은 손 놓지 않고
그대와 이어진 맘 끊지 않고
살아 있는 모든 날을 그대와의
사랑으로 채우고 싶어요.

이 세상에 그대가 없다면
나의 사랑도 없는 거예요.
이 세상에선 오직 그대만이
나의 변할 수 없는 사랑.

아, 그대의 행복을 위해서라면
나는 내가 가진 모든 것을
그대에게 아낌없이 줄 수 있어요.

사랑하려면

머리로 하는
계산적인 사랑은
가슴으로 하는
진심 어린 사랑을
절대 이길 수가 없어요.

그러니 누군가를
애틋하게 사랑하려면
머리로 하지 말고
가슴으로 해야 해요.

아, 심장이 뜨겁게
뜨겁게 콩닥콩닥 뛰는
가슴으로 해야 해요.

내 사랑의 법칙

한때 죽도록 사랑했던
아끼던 사람이더라도
남의 여자가 된 사람은
절대 다시 사랑하지 않는 것.

아무리 아름다운 사람이
세상에 많더라도
지금 내 사랑이 된 사람만을
운명으로 받아들이고
행복한 인생을 살아가는 것.

결코 어떤 일이 있더라도
다른 사람에게 한눈을 팔아
지금 사랑하는 사람을
눈물짓지 않게 하는 것.
가슴 아프게 하지 않는 것.

인생을 다해 죽을 정도로
내가 사랑하는 사람이더라도
나와 사는 게 불행하다면
더는 붙잡지 않고 보내주는 것.

이것이 지금껏 내가 가슴에
간직하고 있는 사랑의 법칙.

너는 나의 꽃

너는 나의 꽃.

내 눈엔 너만 보여.
내 맘엔 너만 있어.

네가 웃으면 나도 웃는
너는 꽃 중에 제일 예쁜 꽃.

오늘도 네가 있어
나는 참 행복한 인생을
살아가고 있어서
너무나도 좋아 죽겠어.

아, 너는 나만의 꽃.

이렇게 좋은 게 사랑인데

이렇게 좋은 게 사랑인데
나는 그간 왜 이것을 몰라봤을까요?

아, 그것은 그간엔 당신을
만나지 못했기 때문임을
나는 그대를 만나고 나서야 비로소 알아버렸습니다.

그대는 나의 목숨 같은 인연,
그대는 나의 생명 같은 운명임을
나는 이제 찰떡같이 믿고 있습니다.

아, 지금부턴 당신을 위해서라면
나는 못할 일이 하나도 없는
그런 사람이 되어 참으로 좋습니다.

아무리 심한 비바람이 불어도
아무리 강한 눈보라가 쳐대도
나는 이제 당신과 잡은 손을 절대로 놓지 않겠습니다.

아, 영원한 나의 사랑 그대여!
나는 이제 남은 내 인생 전부를
그대하고만 행복하게 살아가다 마치도록 하겠습니다.

우리 사랑을 위한 부탁

우리 미워하려고
우리 싸움하려고
만난 사람 아니잖아요.

우리 사랑하려고
우리 행복하려고
만난 사람이잖아요.

그러니 우리
어떤 일이 있어도
무슨 일이 있어도
미워하지 말아요.
싸움하지 말아요.

사랑만 하며 살기에도
행복만 하며 살기에도
바쁘고 짧은 인생

그러니 우리 미워하더라도
사랑을 위해서만 미워하여요.
그러니 우리 싸움하더라도
행복을 위해서만 싸움하여요.

그리하여 우리 인연엔

내 당신을 사랑하는 일이
슬픔이 아니었으면 좋겠어요.

오로지 내 당신을 사랑하는 일엔
기쁨이 가득 찼으면 좋겠어요.

내 당신을 생각하는 눈엔
눈물이 고이지 않았으면 좋겠어요.

오로지 내 당신을 생각하는 눈엔
눈웃음이 예쁘게 그려졌으면 좋겠어요.

그리하여 우리 만남엔
슬픔보다는 기쁨이, 눈물보다는 미소가
얼굴 전체에 골고루 퍼졌으면 좋겠어요.

그리하여 우리 인연엔
행복이 넘쳐나도록 즐거움이
얼굴 전체에 빈틈없이 번졌으면 좋겠어요.

눈사람
―지금 외로운 사람에게

눈사람은 얼마나 만들기 쉬운 사람이더냐,
만들기 쉬운 만큼 얼마나 쉬 사라지는 사람이더냐.

지금 외로운 사람아
쉬 사랑하는 사람을 만들지 못함에 슬퍼하지 말아라.

계절을 살고 가는 사람을 만드는 일엔 계절을 걸고
인생을 살고 가는 사람을 만드는 일엔 인생을 거는 것.

사랑은 계절을 살고 가는 사람을 만드는 일이 아니라
인생을 살고 가는 사람을 만드는 일이다.

지금 외로운 사람아
그대는 인생을 살고 갈 사람을 만드는 사람이니,

그러니 계절을 살고 갈 눈사람을 만들지 못함에 슬퍼하지 말고
오히려 인생을 살고 갈 사람을 만드는 일에 그대가 있음을 기뻐하라,

그대여 쉬 만들어졌다 쉬 사라지는 눈사람은
그대의 인연이 아님에, 그대의 운명이 아님에 기뻐하고 또 기뻐하라.

아, 이제 곧 인생을 살고 갈 사람을 만들 수 있는 그대는
슬픈 사람이 아니라 참으로 행복한 사람이어라.

나의 예쁜 그대여

나의 예쁜 그대여!

그대가 너무나 예뻐서
나는 그만 그대에게
홀딱 빠져 버리고 말았어요.

나의 예쁜 그대여!

이제 그대 없이는 나는
이 세상을 아주 조금도
살아갈 수가 없는
그런 사람이 되어버렸어요.

나의 예쁜 그대여!

오늘도 그대가 내게 있어
나는 살고 싶어서 사는
그런 행복한 인생을,
살아가고 있어 참으로 좋아요.

아! 고맙습니다

아! 고맙습니다.
오늘도 그대가 나를
사랑해 줘서 고맙고
오늘도 내가 그대를
사랑할 수 있어서 고맙습니다.

이제 나의 사랑은
그대 아니면 안 되는,
반드시 그대여야만 되는
해바라기 사랑이어서 좋습니다.
달맞이꽃 사랑이어서 좋습니다.

아! 고맙습니다.
그대와 함께라면
세상 어디라도 축복받은 땅,
참으로 오래도록 변치 않고
그대만을 사랑하며 살아가겠습니다.

나에게 있어 행운은

나는 말이지요.
이제 행운을
더 이상 네잎클로버에서
찾지 않습니다.

나에게 있어 행운은
이제 나의 사랑 그대에게 있으니까요.

나의 심장을
두근두근 뛰게 하는
이제 나의 사랑 그대에게 있으니까요.

나는 오늘도
나의 행운 그대와 살아가니
사는 게 참으로 즐겁습니다.

오늘도 행복의 동산에서

그대와 어울려 사는 것이 좋으니
오늘도 나오는 건 웃음밖에 없다.

그대와 함께하는 것이 이리도,
이리도 말할 수 없이 좋으니
오늘도 그대를 향해 가는 발걸음이 가벼워서 좋다.

그대와 사는 사랑이 이렇게 좋으니
오늘도 꿈을 담은 가슴이 희망으로 뛰어서 좋다.

그대가 있는 한 나의 사랑은
아무리 힘든 일이 찾아와도 거뜬히 이겨내고
오늘도 행복의 동산에서 살 수 있어서 좋다.

아! 그대가 있어, 그대가 있어
오늘도 웃고 사니 나는 사는 게 더없이 좋다.

둘인 그대와 나는

산다는 것은 문제를
하나씩 풀어가는 것.
때론 어려운 문제도 있었을 것이고
때론 쉬운 문제도 있었을 것입니다.

어느 날은 문제를
풀어서 기뻤을 것이고
어느 날은 문제를
풀지 못해 슬펐을 것입니다.

하지만 이제는 그대와 나
혼자가 아닌 둘이
힘을 합쳐 문제를 풀어가니
아무리 어려운 문제라도
못 풀 문제가 없어서 좋기만 합니다.

아, 둘인 그대와 나는 지금은
상큼하게 웃어가며 문제를 풀어가니
정답은 언제나 사랑이어서 좋습니다.

제3장
행복에 푹 빠져서

너와 나는 이미

손은 놓았을지라도
마음은 놓지 말아라.

손으로 잡은 사이보다
마음으로 잡은 사이가
더 오래 가는 것.

어떤 땐 평생을 살고서도
남을 때도 있는 것.

아, 너와 나는 이미
다른 것이 아닌
사랑으로 하나가 되어서 좋다.

살아있는 사랑

파도가 없다면,
파도가 치지 않는다면
바다는 죽은 것과 같다.

사랑도 마찬가지다.

사랑하는 사람에게
사랑한다고 말하지 않으면
사랑은 죽은 것과 같다.

사랑한다면, 사랑한다면
때때로 파도가 치듯
사랑한다고 말하여라.

때때로 사랑한다고 말할 때
비로소 사랑은 살아있는,
살아있는 사랑이 된다.

내 여자에게 3

처음엔 사랑으로 시작했던 여인이여,
살아갈수록 정이 들어
측은하기도 하고 안쓰럽기도 한 나의 여자여!

그대를 마음에 담을수록
더 잘해주지 못한 지난 시절이 가슴에 남아
남겨진 시절은 더 잘해줘야지
다짐을 하는 그대 향한 나의 사랑이여!

그대와 함께하는 시절엔
더 이상 마음을 아프게 하지 않으리라.
더 이상 눈물을 흘리게 하지 않으리라.
그대 잠자는 얼굴을 보고 가만가만
맹세를 하는 그대 향한 나의 사랑이여!

그대 향한 내 마음은 어제도 사랑이었고
오늘도 사랑이란 걸 오직
나의 여자 그대가 알아주면
나는 그대 외엔 아무도 사랑하지 않으리라는
그 약속만큼은 죽음으로라도 지키며 살아갈 것을,

만약 혈서라도 쓰라고 한다면
조금의 머뭇거림도 없이 나는
그대만을 사랑한다고 일필휘지할 수 있다네.
단숨에 뜨겁게 일필휘지할 수 있다네.

내 여자에게 4

언제나 그리웁고 그리운 나의 여자여
언제나 보고프고 보고픈 나의 여자여

아무리 세상에 꽃들이 무리 지어
아름답고 어여쁘게 피어났더라도,
내 눈길을 확 잡아 끌어들이는 꽃은
나만을 위해 피어난 꽃 그대뿐이니

나는 그대만 내 곁에 있어 준다면
나는 그대만 내 맘에 있어 준다면
오늘도 나는 즐겁고 신나는 노래를 불러대며
그대 사랑함의 기쁨을 만끽하며 사노니

어제도 우리 사랑은 기쁨으로 충만하였듯이
오늘도 우리 사랑은 기쁨으로 충만하니
앞으로도 더러는 손을 잡고, 더러는 포옹도 하며
그렇게 서로를 아껴주고 위해주며 살아가도록 하자.

아, 진정 변함없는 사랑으로, 서로에게
서로의 사랑을 선물로 주고받으면서
우리 한평생 환하게 웃으며 살아가도록 하자.
부디 나의 여자여, 우리 그리하도록 하자.

지상낙원

꽃이 피지 않아도
그대만 있으면
별이 뜨지 않아도
그대만 있으면

나는 사막에서
오아시스를 만난 것처럼
그렇게 행복하게
살아갈 수 있습니다.

그대가 있는 곳이
나에겐 오늘도
다른 곳이 아닌
지상낙원이니까요.

잘 보이고 싶은 사람

사람은 누구나 잘 보이고 싶은 사람을
적어도 한 명씩은 마음에 담고 살아갑니다.

내가 이 세상에서 잘 보이고 싶은 사람은
다른 그 누구도 아닌 바로 당신입니다.

이것은 당신을 내가 누구보다도
아주 많이 사랑하고 있기 때문입니다.

그래서일까요. 당신도 이 세상에서
잘 보이고 싶은 사람이 있다면
그 사람이 바로 나였으면 좋겠습니다.

그러면 내가 지금보단 몇 배는 더
참으로 행복하게 살아갈 수 있을 것 같습니다.

내 마음의 정원

꽃 한번 피워볼까요!
차가운 바람이 강하게 부는
겨울날이라고 하여
꽃피우지 말란 법 어디 있나요.

내 마음의 정원은
봄바람 부는 따뜻한 세상,
그 세상에서 살고 있는
그대란 사람은

-설령 마음 밖의 세상이
아무리 모질게 추운 겨울날일지라 하여도-

만국 꽃 박람회가 열린 듯
온갖 꽃들이 어여쁘고 아름답게 피어
물결치게 해주는 사람,

아, 그대가 있어 오늘도 나는
내 마음의 정원에 꽃들이 만발하여
내 인생이 한없이 즐거워서 좋습니다.
내 인생이 한없이 행복해서 좋습니다.

내 사랑하는 당신은

내 사랑하는 당신은
눈곱이 껴도 예쁘고
하품을 해도 예뻐요.

당신이 하는 행동은
무슨 짓을 해도 귀여워 보이고
당신이 하는 말은
무슨 말을 해도 노래로 들려요.

내 사랑하는 당신은
나이가 들어갈수록 점점
국화꽃처럼 원숙해 보이고
강물처럼 고요히 흘러요.

당신이 있어서 오늘도 나는
평화롭고 행복한 시간을
마음 가득 담고서 살아가요.

나였으면

나였으면

네가 잠에서 깨어났을 때
가장 먼저 떠오르는 사람이,
네가 하는 일이 힘들어서 주저앉고 싶을 때
가장 먼저 손 내밀고 싶은 사람이,
네가 밤하늘에서 반짝거리는 별을 볼 때
가장 먼저 함께 보고 싶은 사람이,
네가 슬픈 일이 생겨났을 때
가장 먼저 위로를 받고 싶은 사람이,

나였으면

네가 바닷가 백사장을 손잡고 걸을 때
가장 먼저 물장난을 치고 싶은 사람이,
네가 맛있는 음식을 먹게 되었을 때
가장 먼저 같이 먹고 싶은 사람이,
네가 떠오르는 일출을 바라볼 때
가장 먼저 소원을 빌어주고 싶은 사람이,

아! 나였으면
정말이지 좋겠네.

내 그대에게 2

그대여, 나를 위해
곱게 화장을 해줄래

그대여, 나를 위해
예쁘게 옷을 입어줄래

그러면 그대는 나의
아름다운 꽃이 되어
내 마음을 화사하게
물들여줘서 좋다.

아, 오늘도 나를 위해
곱게 화장을 해주는,
아, 오늘도 나를 위해
예쁘게 옷을 입어주는
그런 그대가 있어 나는
참으로 좋기만 하다.

행복한 내 마음이

나의 향기는
라일락 향기를 닮았습니다.
나의 향기는
아카시아 향기를 닮았습니다.

곱디고운 라일락 향기를.
향긋향긋 아카시아 향기를
가득 담은 편지를
그대에게 보냅니다.

그대가 내 편지에서 꺼낸
라일락 향기의 내용은
아카시아 향기의 내용은
마음이 평온해지는 사랑입니다.

나는 오늘도 라일락 향기를 풍기며
나는 오늘도 아카시아 향기를 풍기며
그대를 만나러 갑니다.

아, 행복한 내 마음이
그대를 만나러 가는
내 발자국마다 촘촘히 찍힙니다.

행복에 푹 빠져서

서로 사랑하라.
진정한 사랑은
이것저것 재지 않는다.
이것저것 따지지 않는다.

그저 내가 가진 것을
사랑하는 사람에게
전부 내어주면 줄수록
모두 내어주면 줄수록,

행복에 푹 빠져서
하루하루 살아가는 것이
지금 우리네가 하는
사랑이어서 너무나 좋다.

나만을 위한

나는 네가
무인도가 된다면
슬퍼할 거야.

네가 무인도라면
네 마음에
다른 사람만이 아니라
나도 없다는 얘기.

부탁이야,
다른 사람은 아무도
없어도 되지만
나만은 네 마음속에 있는
유인도가 되어줘.

아, 나만을 위한
유인도가 되어
평생을 살아가 줘.

나는 당신과 내가

당신이 살아야 내가 삽니다.
나는 줄기이자 가지이고
당신은 뿌리이기 때문입니다.

오늘도 내가 가지마다
예쁜 꽃을 피울 수 있는 건
당신이 뿌리로서 물과 영양소를
내게 아낌없이 공급해 주기 때문입니다.

이렇듯 내게서 당신이 없으면
나는 죽은 목숨이나 다름이 없습니다.

아, 나는 당신과 내가
운명공동체라는 것이 너무나 좋습니다.
너무나 기쁘고 행복합니다.

당신을 사랑하는 일은

오늘도 당신을 사랑하는 일보다
내게 행복한 일은 정녕 없습니다.

당신을 사랑하는 일은
꽃을 보는 일보다 아름다운 일이었고
별을 보는 일보다 찬란한 일이었습니다.

당신을 사랑하는 일은
내가 이 세상에서 할 수 있는
그 어떤 일보다 의미 있는 일이었고
그 어떤 일보다 가치 있는 일이었습니다.

당신을 사랑하는 일은
겨울에 난로를 쬐는 일처럼 따뜻한 일이었고
시련이 있어도 꿈을 잃지 않는 희망이었습니다.

아, 오늘도 당신을 사랑하는 일보다
내게 행복한 일은 정녕 없습니다.

그대 내 편이 되어주세요

그대 내 편이 되어주세요.

그대만 내 편이 되어준다면
나는 내 마음속에
한 송이 예쁜 꽃을 피우고
정말로 아름답게 살아갈 수가 있습니다.

그대만 내 편이 되어준다면
나는 내 인생속에
아주 소중한 꿈을 간직하고
정말로 희망차게 살아갈 수가 있습니다.

그대만 내 편이 되어준다면
나는 그대의 행복을 위해
내가 가진 모든 것을 걸고
정말로 최선을 다해 살아갈 수가 있습니다.

아, 그러니 그대를 위해
내가 언제까지나 이 세상을
늠름하게 살아갈 수 있도록
정말로 내 편이, 내 편이 되어주세요.

당신과 함께라면

아, 이 세상에서
당신을 사랑하는 일보다
즐거운 일은 정녕 내게 없습니다.

당신은 하늘에 떠 있는 별도
따다 줄 수 있는, 어여쁘고
아리따운 나의 사랑입니다.

당신을 위한 나의 사랑으로
이 세상에서 하지 못할 일은
이젠 나에겐 하나도 없습니다.

당신과 함께라면, 당신과 함께라면
설령 죽음의 골짜기로라도
나는 얼마든지 갈 수 있습니다.

아, 이 세상에서
당신을 사랑하는 일보다
즐거운 일은 정녕 내게 없습니다.

당신이 함께해줘서

다른 사람은 아무리 많아도
내게 어떤 힘도 되어주지 못합니다.

근데 당신은 혼자라도
내게 아주 커다란 힘이 되어줍니다.

당신은 일당백, 일당천인
나에게 그런 힘을 주는 사람입니다.

당신이 함께해줘서 시방도 나는
이 세상을 힘들이지 않고
환히 웃으며 행복하게 살아가고 있습니다.

이 세상은 당신과 함께하라고
하늘이 정해준 세상이어서
오늘도 나는 인생이 참으로 좋기만 합니다.

너에게

나는 나비
내 눈에 안경일지라도
나는 예쁜 꽃인
너만을 찾아가는 나비

나는야 오늘도
너만을 향해 살랑살랑
날아가는 나비

내 눈에 너는
나를 매혹 시키고도 남는
너무나 예쁜 꽃

너와 함께 있으면
으쓱 어깨에 힘이 들어가는
너는 나를 자랑스럽게 해주는

너는 나만의 꽃
나는 너만의 나비
시방도 네가 있어
나는 정말로 행복하여라

그대를 사랑하는 일이

그대를 사랑하는 일이
행복한 일이 아니라면
무엇이 행복한 일일까요.

아, 봄에 꽃 피는 일보다
더 행복한 일이 내게는
그대를 사랑하는 일이어서

아, 가을에 단풍 드는 일보다
더 행복한 일이 내게는
그대를 사랑하는 일이어서

오늘도 그대를
사랑하며 살아가니
내 마음엔 행복이 가득하여
참으로, 참으로 좋기만 합니다.

내겐

내겐 꽃을 보는 것도 기쁘지만
그대를 보는 것은 더 기쁩니다.

내겐 꽃을 가까이하는 것도 즐겁지만
그대를 가까이하는 것은 더 즐겁습니다.

내겐 꽃을 마음에 담는 것도 행복하지만
그대를 마음에 담는 것은 더 행복합니다.

내겐 꽃과 함께 하는 것도 만족스럽지만
그대와 함께 하는 것은 더 만족스럽습니다.

내겐 어떤 일이 있어도, 무슨 일이 있어도
오늘도 꽃보단 그대가 더 사랑스럽습니다.

그대가 있어 오늘도

내 그리움이 그리움이 되려면
내 보고픔이 보고픔이 되려면
오직 그대란 사람이 있어야만 합니다.

그건 말이지요.
내 그리움은 아무한테나 간다고
그리움이 되어주지 않기 때문입니다.
오로지 그대한테로 갈 때만
내 그리움은 그리움이 되어주기 때문입니다.

그건 말이지요.
내 보고픔은 아무한테나 간다고
보고픔이 되어주지 않기 때문입니다.
오로지 그대한테로 갈 때만
내 보고픔은 보고픔이 되어주기 때문입니다.

언제나 내 그리움을 그립게 해주는 사람
언제나 내 보고픔을 보고프게 해주는 사람
그대가 있어 오늘도 나는 참 좋습니다.

아, 그대가 있어 오늘도
나의 그리움은, 나의 보고픔은
참으로, 참말로 설레고 즐겁기만 합니다.

봄꽃

해마다 보는 모습이지만
볼 때마다
생전 처음 보는 모습처럼
마음이 설레어요.

아, 당신도 그래서 좋아요.

봄날의 내 마음

그대여, 거짓말이라도 좋아요.
그러니 꽃보다 당신이 더 예쁘다고
그대가 나에게 말을 해준다면
나는 참으로 좋겠어요. 비록 그 말이
거짓말일지라도 나는 행복해서
아주 한참을 웃을 수 있을 거예요.

세상에 있는 칭찬 중, 꽃보다
당신이 더 예쁘다는 칭찬은
사랑하는 사람이 사랑하는 사람에게
해줄 수 있는 최고의 찬사예요.
나는 이 찬사를 거짓말 일지라도
그대의 입을 통해 듣고 싶어요..

아, 이것이 다름 아닌 참으로
봄날을 살아가는 내 마음이에요.
지금 내가 사랑하는 사람은 그대
그런 그대가 나에게 당신은 꽃보다
아름다워요 한다면 나는 참으로 행복하여
한바탕 덩실덩실 춤이라도 출 거예요.

그대가 예쁘니까

그대가 예쁘니까
바다도 예쁘고
하늘도 예쁘다

그대가 예쁘니까
강도 예쁘고
산도 예쁘다

그대가 예쁘니까
사랑하고 싶을 정도로
그대가 예쁘니까

눈에 들어오는 모든 것이
맘에 들어오는 모든 것이
참으로 예쁘고 예쁘다

내가 당신에게 바라는 것은

당신이 내게로 온다면, 당신이 내게로 와서
나만을 아껴주고 사랑해 주는 한 사람이 된다면
나는 죽을 때까지 한 송이 고운 꽃이 되어
당신의 인생을 행복하게 해 드리겠습니다.

내가 당신에게 바라는 것은
나만을 사랑해 주는 당신의 변함없는 마음
그것 하나입니다. 그것 하나만 당신이 내게 주면
나는 내가 가진 모든 것을 당신에게 줄 수 있습니다.

남들이 보기에 어떨지 모르지만
내게 있어 가장 어여쁘고 아름다운 사람은 당신입니다.

당신은 내 눈에 콩깍지를 씌워주었습니다.
이 콩깍지 언제쯤 벗겨질지 모르지만
지금 나는 영원히 벗겨지지 않기를 소망하고 있습니다.

그만큼 당신은 누구보다도
이제 내 인생에서 가장 소중한 사람입니다.

그대는 착한 사람인가 봐요

사람은 만나는 사람을 닮아간다는데
그대를 만나니 나는 자꾸
그대를 닮아가는 느낌이 들어 좋네요.

그대는 착한 사람인가 봐요.
그대를 마음속에 담으니
자꾸만 착한 인생을 살고 싶어지네요.

그대는 아름다운 사람인가 봐요.
그대를 마음속에 담으니
자꾸만 아름다운 인생을 살고 싶어지네요.

그대는 따뜻한 사람인가 봐요.
그대를 마음속에 담으니
자꾸만 따뜻한 인생을 살고 싶어지네요.

아, 사람은 만나는 사람을 닮아간다는데
그대를 만나니 나는 자꾸
그대를 닮아가는 느낌이 들어 좋기만 하네요.

나에겐 당신만이

당신이 내게 없다면
나에겐 꽃도 없답니다.

나에겐 당신만이
내게 기쁨을 주는
어여쁜 꽃이기 때문입니다.

나에겐 당신만이
내게 행복을 주는
탐스런 꽃이기 때문입니다.

오늘도 당신이 내게 있어
꽃 향에 묻혀 사니,

아! 사는 것이 나는
참으로 좋기만 합니다.

제4장
우리가 꿈을 꾼다는 것은

텃밭에서

텃밭에 심어놓은 무공해 배추에
하얀 나비 두 마리
다정히 노닐더니,
어느새 애벌레 태어나
배춧잎을 맛있게 갉아 먹고 있네.

하얀 나비 노닐던 모습 눈에 선해
어떡할까 고민하다가
여기저기 송송 구멍 뚫린 배춧잎 때문에
어쩔 수 없이 가만 잡아선
야들한 풀을 찾아 놓아 주었네.

애벌레가 너무
야속하게 생각하지 않았으면 좋겠네.

우리가 꿈을 꾼다는 것은

화훼박사가 꿈이라면
돈 냄새를 맡지 말고
꽃 향기를 맡는 사람이 되어라.

그러면 그대는 얼마 안 가
화훼박사가 되어 있을 것이다.

천문학자가 꿈이라면
돈을 세지 말고
별을 헤는 사람이 되어라.

그러면 그대는 얼마 안 가
천문학자가 되어 있을 것이다.

우리가 꿈을 꾼다는 것은
돈의 유혹에 빠지지 않고
꿈의 유혹에 빠져 최선을 다하는 것이리라.

그러면 그대는 분명
꿈을 이룬 사람으로 이 세상을
행복하게 살다 갈 수 있을 것이다.

때론 마음을 청소하세요

쓰레기봉투는 다 채우면
밖에다 가져다 버리지요.

여기에다가 그대의 마음을 억누르고 있는
절망감, 열등감, 패배감 같은
안 좋은 감정들을 모두 담아서
조금도 남김없이 가져다 버리세요.

그리고 나서 그대의 마음에다 간 다시
꿈, 희망, 행복감, 평온함처럼
좋은 감정들만 가득히 눌러 담아
삶의 새로운 출발로 삼길 바랍니다.

아시지요, 때론 살아가다가
다른 곳이 아닌 마음을 청소하는 것이
더욱 필요할 때가 있다는 것을 말이지요.

아, 시방 그대의 마음은
언제쯤 청소를 한 마음이던가요!

꿈을 꾸어라

꿈을 꾸어라.
꿈을 꾸는 장소가
옥탑방이면 어떻고
반지하이면 어떠랴!

중요한 것은
그대가 꿈을 꾸며
노력을 하고 있다는 것.
실천을 하고 있다는 것.

꿈이란 그대 인생의
태양과도 같은 희망.

꿈을 꾸어라.
그대는 꿈을 기필코
이루어낼 수 있는 사람.

그러니 진정 오늘도
꿈을 꾸는 장소가
옥탑방이면 어떻고
반지하이면 어떠랴!

알맹이의 인생

나는 바람을 따라가지 않았어요.
바람을 따라가는 것들은
한곳에 진득하니 머물 수 없는
가벼운 것들이잖아요.

나는 가벼운 것이 되고 싶지 않아요.
가을에 일년내내 농사지은 것을 수확할 때도
가벼운 껍데기들은 모두 날려 보내고
무거운 알맹이들만 거둬들이잖아요.

나는 날려 보내버리는 껍데기가 아니라
소중하게 거둬들이는
무거운 알맹이가 되고 싶어요.

아, 나는 그런 토실한
알맹이의 인생으로 평생을 살아가고 싶어요.

행복은

행복은 행복하다고
믿는 마음에서부터 시작되었네.
주위를 둘러싸고 있는 것들을
불만스럽게 바라보던 날엔 행복도 없었네.

아침에 깨어났을 때 창문을 통해
눈부시게 쏟아져 들어오는 햇살에서도
볼 수 있으면 볼 수 있는 게 행복이었네.
길가에 피어난 이름 없는 들꽃에서도
그냥 바람에 한들거리는 풀잎에서도
볼 수 있으면 볼 수 있는 게 행복이었네.
기르는 강아지에게 먹이를 주는 일에서도
이웃집 사람과 차 한잔을 나누는 일에서도
볼 수 있으면 볼 수 있는 게 행복이었네.

이렇듯 행복은 멀리에 있지 않았네.
아주아주 가까이 있는 것이 행복이었네.

오늘도 주위를 둘러싸고 있는 것들을
즐겁고 만족스럽게 바라보니
거기서 뿜어져 나오는 향기로운 향기가
내 마음을 곱게 물들이는 행복이어서 좋네.

진짜 멋진 인생

나 떠날 때 내 뒷모습엔
꽃이 활짝활짝 피어났으면 좋겠다.

그리하여 사람들이
떠나는 내 뒷모습을 보고
참 아리땁네 하고
말을 해줬으면 좋겠다.

나 떠날 때 내 뒷모습엔
단풍이 울긋불긋 물들었으면 좋겠다.

그리하여 사람들이
떠나는 내 뒷모습을 보고
참 곱고곱네 하고
말을 해줬으면 좋겠다.

정녕 떠날 때가 아름다운 사람이
진짜 멋진 인생을 산 사람이다.

꿈꾸는 그대만을 위한 시

하늘은 높다.
꿈을 높고 크게 가지라고
바다는 넓다.
꿈을 넓고 깊게 펼치라고

그대가 그대만의 꿈을 가지고
최선을 다해 노력을 하는 한
거친 비바람도, 강한 눈보라도
그대가 가는 앞길을 결코 막아설 수 없다.

그대는 그대가 꾸는 꿈을
반드시 이루어낼 수 있는 사람.
인생 자체가 오늘도 그대에겐
꿈을 향한 도전의 나날들

하늘 높이 크게 날아올라라.
바다 넓고 깊게 달려나가라.

오! 보이는가. 꿈이 점차
그대의 눈에 보이도록 형상화되는 것이,
그대에게로 꿈이 점점 무르익어
성공의 깃발을 흔드는 것이.

그대여, 조금만 더 힘을 내어라.
이제 얼마 남지 않았다.
그대가 기쁨의 눈물을 흘릴 날이,
그대가 행복의 웃음을 웃을 날이.

책아, 고맙다

내 방을 가득 채우고 있던 책들은
내 어렸을 적부터
여전히 부족했던 용돈을 모아
사 모으기 시작한 것들이었다.

저 책 중 어느 책은
내 점심값으로
사 모은 책도 꽤 있다.

책은 초등학생 때부터
지금까지도 변함없이 나에게
가르침을 주는 선생님이어서
너무나 좋고도 좋다.

아! 책아, 고맙다.
지금의 나를 키운 건
6할이 책, 너였다.

삶의 다짐

바람아,
네가 불 수 있는
가장 쎈 바람으로
불어와 보거라.

겨울아,
네가 추울 수 있는
가장 혹독한 겨울로
추워져 보거라.

어둠아,
네가 까말 수 있는
가장 짙은 어둠으로
까매져 보거라.

그럴수록 나는
살아서 피워내야 하는 내 영혼의 꽃을
가장 아름다운 모습으로 피워 내리라.

어떤 바람에도 꺾이지 않고
어떤 겨울에도 동사하지 않고
어떤 어둠에도 무서워하지 않는.

위로의 시

네가 간절하게 원하던 일이
뜻대로 되지 않았을 때일지라도
너무 낙심하거나 눈물짓지 말아라.

대신에 언젠간 일을 성공시키고
축하의 꽃다발에 파묻혀 지낼 날이
내게도 곧 올 거라는 믿음으로
오늘 다시 도전하는 사람이 되자.
오늘 다시 시작하는 사람이 되자.

이런 긍정적인 생각을 마음에
가득히 담고서 살아가면 네가
그토록 원하고 바라던 일이 행복이 되어
반드시 너에게도 가져다주는 날이 오게 되리니,

너는 미래의 그날을 위해
비록 지금 시련을 겪었더라도
그 시련이 실패가 되지 않고 성공이 되게
오늘 다시 도전하는 사람이 되자.
오늘 다시 시작하는 사람이 되자.

나이를 얼마를 먹었던

어제보다 하루 더 익은 오늘이
내 남은 인생 중에선 가장 젊은 날인데

하루라도 더 젊은 날에
내 인생의 꽃씨를 뿌려야지요.

하루라도 더 젊은 날에
내 인생의 과일씨를 뿌려야지요.

얼마를 살지 모르는 게 우리네 인생인데
하루라도 더 젊은 날에
꿈을 갖고 살아야지요.
희망을 갖고 살아야지요.

아, 나이를 얼마를 먹었던
내일을 위해 오늘을
참으로 열심히 살아야지요.

아직은 빛나는 별이 아니지만

하늘에 빛나는 별을 부러워하기보다는
참으로 멋지다고 깨끗하게 인정해 줘라.

알지 않는가. 당신 자신도 별이라는 것을
단지 아직은 어둠을 바탕삼아 빛나는 별이 아닐 뿐.

이제 얼마 남지 않았다, 다른 별들처럼
당신도 밤하늘을 수놓으며 빛나게 살날이.

빛나는 별이 되는 일은 아름다운 일이고
당신 역시 별이 되어 빛나게 살아갈 수 있음을 믿고
오늘도 어제처럼 헛되지 않게 살아가라.

그러면 당신도 다른 사람들에게 빛나는 별로
인정받으며 살날이 곧 찾아올 것이고
그땐 맘껏 기쁨의 눈물을 흘려도 좋으리라.

될 수 있는 한

사람은 누구를,
어떤 사람을
만나느냐에 따라
인생이 달라진다.

될 수 있는 한
자신의 인생이
꽃이 되게 해주는 사람을 만나라.
별이 되게 해주는 사람을 만나라.

그리하여 너는
꽃처럼 아름다운 인생을 살다가는,
별처럼 빛나는 인생을 살다가는
그런 멋진 사람이 되어라.

꿈이란 것은

꿈이란 것은
사치품이 아니라
생활필수품이니
아끼지 말고 매일매일
사용해 줘야 하는 것이다.

매일매일 사용하다가
설령 깨트리는 한이 있더라도
꿈은 열심히 사용할 때
언젠가 빛을 발하는
보석으로 거듭나는 것이니,

오늘도 꿈을 아끼지 말고
사용하는 그런 사람이 되어,

언젠간 끝끝내
꿈을 이뤄낸 사람으로
한세상 행복하게
살다 가야 하는 것이다.

행복을 위한 시

마음이 만족한 인생을,
마음이 풍족한 인생을 살다 가거라.
그것이 가장 행복한 인생을
살다 가는 것임을 절대 잊지 말아라.

자신의 능력으로 안 되는 것에
너무 욕심을 부리지 말아라.
과욕은 행복을 갉아먹는 송충이

결코 어떤 일이 있어도
남에게 보여주기식 인생을 살지 말아라.
남에게 보여주기 위해
자기 적성에 맞지 않는 일을 하며
마음이 불행스러운 인생을 살지 말아라.

산다는 것은 내가 좋아하는 일을 하며
나를 발전시키는 인생을 살아가는 것.

아, 진정 마음이 만족한 인생을,
마음이 풍족한 인생을 살다 가거라.

꽃샘추위를 이겨내는 방법

봄이 오고
꽃이 피기 시작하면
쌀쌀맞은 얼굴을 한
꽃샘추위가 찾아오지요.

근데 이 꽃샘추위를 이겨내는 방법은
똑같이 쌀쌀맞게 대하는 것이 아닙니다.
그럴수록 더욱더 아름답고 예쁜 꽃을
지천에 맘껏 피워내는 것입니다.

아, 하나만 기억하세요.
해마다 꽃샘추위가 찾아오지만
꽃이 피어나지 못하게 한 적은
한 번도, 단 한 번도 없었다는 것을.

시작한다는 것은

시작한다는 것은
안 된다는 것을 믿는 것이 아니라
된다는 것을 믿는 것이다.
그것에 대한 확률이
아무리 낮아도
그것이 하고 푼 일이고
꿈이라면
그 낮은 확률에도 희망을 갖고
나의 길로
만들어 가는 것이다.

태어날 때는 순서가 있어도

태어날 때는 순서가 있어도
떠나갈 때는 순서가 없다는 말을 기억하라.

나이를 먹었어도
언제 죽을지 모르는 게 우리네 인생이다.

그러니 오늘 나이를 얼마를 먹었던
도전할 일이 있으면 도전을 하자.
시작할 일이 있으면 시작을 하자.

태어날 때는 순서가 있어도
떠나갈 때는 순서가 없다는 말을
살아있을 때는 늘 긍정적으로 마음에 담고 살아가자.

꿈

꿈!

자신감을 가지니
이뤄지더라.

어려움에 봉착했을 때라도
〈너 정도는 충분히
이길 수 있어〉라며

자신감을 가지고
조금의 물러섬도 없이
당당하게 맞서니

꿈!

얼마 안 가 충분히
이뤄지고도 남더라.

파리와 나비

온통 꽃밭 중앙에 서 있으니까
나마저도 꽃이 된 것 같습니다.

온통 음식물쓰레기에 둘러싸여 있으니까
나마저도 음식물쓰레기가 된 것 같습니다.

온통 꽃밭 중앙에 서 있으니까
나비가 날아와 꽃과 어울립니다.

온통 음식물쓰레기에 둘러싸여 있으니까
파리가 날아와 음식물쓰레기를 탐합니다.

이렇듯 자신이 어디에 서 있느냐에 따라
꽃을 찾아온 나비와 어울릴 수도 있고
음식물쓰레기를 찾아온 파리와 어울릴 수도 있습니다.

아, 그대는 지금 어디에 서 있고
무엇과 어울리고 있습니까? 될 수 있는 한
파리가 아닌 나비와 어울리는 사람이 되길 바랍니다.

너를 응원하며

너는 한 가지 뜻을 세우고
그 길을 향하여 가라.

가다 보면 잘못도 있으리라.
가다 보면 시련도 있으리라.

그렇다고 용기를 잃고
주저앉아 있기보다는
다시 일어나 앞으로 나아가라.

그러면 언젠가 반드시 너는
월계관을 쓰는 그런
영광의 날을 맞이할 것이다.

나무]

그래 그렇게 있어야 해
처음 정한 자리를
마지막까지 지키며 사는
그래 그런 자세로 있어야 해

처음 자리를 정한 곳이
바위틈새이거나
자갈이 많이 섞인 땅이거나
비탈져 경사진 곳이거나
겨울이 긴 동토의 땅이더라도
자신이 처한 처지에
다른 곳으로 옮겨가고 싶어 하거나
때때로 원망의 마음을 갖지 않고
더러는 비관의 자세를 갖지 않는
언제나 꼿꼿한 자세로 서서
때가 되면 한 송이
예쁜 꽃을 피워낼 수 있는
그런 모습으로 삶을 살아야 해

너에게 주어진 운명을
있는 그대로 받아들이고
토실토실한 열매를 맺는
그런 긍정적인 자세로
한세상을 살다 가야 해

나무 2

거리를 두고 서라 하네.
너무 가깝지도 너무 멀지도 않은
거리를 두고 서라 하네.
거리를 두고 있을 때 가장 가까운 사이로
가장 오랜 시간을 사귈 수 있는 것이니,
알맞은 거리를 두고 서라 하네.

몸을 자유로이 움직일 수 없을 정도로 가까이 있으면
오히려 그 가까움이 갑갑함이 되어
훌쩍 어딘가로 떠나가고 싶은 충동을 만드는 것이니
그저 알맞은 거리를 두고 서라 하네.

그저 알맞은 거리를 두고 설 때
비로소 키와 몸집이 비슷하게 성장할 수 있는 것이니,
숨을 쉴 수 없을 정도로 가까이 있으면
오히려 그 가까움이 한쪽의 희생으로 한쪽만이 성장하는
부조화의 관계가 되기도 하는 것이니,
그래서 결국 그것이 불행을 만들기도 하는 것이니,

아, 나무는 오늘도 모두 다 행복할 수 있는
알맞은 거리를 두고 살아가라 말해주고 있네.

콩 심은 데 콩 납니다

콩 심은 데 콩 나는 것이지요.
이 말을 믿어야 합니다.

그래야만 우리는
사랑 심은 데 사랑이 날 줄 믿고
사랑을 시작할 수 있는 것입니다.

그래야만 우리는
꿈 심은 데 꿈이 날 줄 알고
꿈에 도전을 할 수 있는 것입니다.

그래야만 우리는
희망 심은 데 희망이 날 줄 알고
희망에 미래를 걸 수 있는 것입니다.

그러니 우리는 우리의 인생을
행복하게 살아가려면
콩 심은 데 콩 난다는 말을 믿고
긍정적인 마음으로 하루하루 살아가야 합니다.

그대를 위한 응원가

그대여 삶이 힘들더라도
그대여 삶이 고달프더라도
그대가 이 세상에 온 이유를
결단코 포기하지는 마세요.

그대가 지금 힘든 이유는
그대가 지금 고달픈 이유는
그대가 이 세상에 온 이유를
반드시 이루라고 준 기회 때문입니다.

그러니 힘들면 힘들수록
그러니 고달프면 고달플수록
그대가 이 세상에 온 이유를
더욱더 가슴에 담고 힘을 내어
앞으로 전진해 나아가도록 하세요.

그러면 그대는 기필코
그대가 이 세상에 온 이유를
이루어내고선 활짝 꽃으로 피어나는
그런 멋진 인생을 살다 갈 수 있을 것이니,

그대여! 그날을 위하여
오늘, 오늘 조금만 더 힘을 내도록 하세요.

겨울 저녁

온종일 비가 내리더니
그 비가 별안간
눈으로 바뀌어 내리는 겨울 저녁에
술 한잔하자고 찾아온 친구와
삼겹살에 소주를 주고받으니
저절로 나오는 정담어린 얘기에
근심 걱정 어딘가로 마실을 가고
깊어지는 겨울밤만큼 깊어지는 정이여!

겨울이 아무리 추워도
얼리지 못하는 것은
사람이 사람을 생각하는
순대국 같은 뜨끈한 인정.

아무리 길어도 백 년의 인생,
서로서로 아껴주고 나눠주며 살기에도
짧고도 짧은, 정녕코 길지 않은 인생인데

아, 무엇하여 소중하고도 값진 인연을
다툼으로, 다툼으로 만들며 살아가나.

내일의 내가

내일의 내가
후회하지 않도록
오늘을 충실히 살자.

최선을 다하는 사람이
정복하지 못할 세상일은
그리 많지 않다.
아니 거의 없다.

어제도 최선을 다해
살아왔듯이 오늘도
최선을 다해 살아가자.

정말 내일의 내가
후회하지 않도록
오늘을 성실히 살자.

혼자 있을 땐

친구와 놀 때는
열심히 재밌게 놀아라.
연인과 지낼 때는
다정히 예쁘게 보내라.

하지만 혼자 있을 때는
자신을 위해 아낌없이
시간에 투자를 하여라.

사람이 성공하고 못하고는
혼자 있을 때 시간을
어떻게 썼느냐에 달려있다.

자신의 인생을 성공으로 만든 사람은
대부분이 혼자 있을 때
자신의 꿈을 위해,
자신이 하고 푼 일을 위해
최선을 다해 노력한 사람이다.

그러니 혼자 있을 땐
다른 걸 하지 말고
꿈을 위해, 하고 싶은 일을 위해
열심히 노력하는 사람이 되어라.

남과 비교하지 말아라

그러니 어떤 일이 있어도
남과 비교하는 삶을 살지 말아라.

개나리꽃은 개나리꽃처럼 피어나면 되고
수선화꽃은 수선화꽃처럼 피어나면 되며
진달래꽃은 진달래꽃처럼 피어나면 된다.

이렇듯 각자 자신의 멋대로
개성껏 피어나 살아가면 된다.

그러니 무슨 일이 있어도
남과 비교하는 삶을 살지 말아라.

남과 비교하는 삶을 살면
고요한 호수처럼 평화롭던 마음에
바다의 파도처럼 거친 파문이 일어난다.

아, 정녕 남과 비교하는 삶을 사는 순간
그것이 참담한 불행의 시작이니
평생 행복하게 살아가고 싶다면
결코 남과 비교하는 삶을 살지 말아라.

사계의 행복

1-봄
꽃이 피니 행복하니!
꽃이 펴서 행복하다!

아, 어여쁘고 아름다운
꽃이 활짝 펴서 정말로 행복하다.

2-여름
그늘이 지니 행복하니!
그늘이 지니 행복하다!

아, 매미 울음소리 자장가 삼아
곤히 낮잠을 자니 참으로 행복하다.

3-가을
단풍이 드니 행복하니!
단풍이 드니 행복하다!

아, 울긋불긋 불타오르듯
단풍이 곱게 물들어서 참말로 행복하다.

4-겨울
눈이 내리니 행복하니!
눈이 내리니 행복하다!

아, 이 추운 계절에 눈사람을 만드는
새하얀 눈이 내려줘서 너무나 행복하다.